NIE WIEDER AUFSCHIEBEN

Tipps gegen das Prokrastinieren und für mehr Tatkräftigkeit

Verfasst von Hélène Nguyen Gateff
Übersetzt von Mareike Lobeck

Für die Arbeitswelt 50MINUTEN.de

NIE WIEDER AUFSCHIEBEN

- **Ziel:** aufhören, systematisch alles, was man erledigen wollte, aus diesem oder jenen Grund aufzuschieben
- **Anwendung:** Indem man sowohl bei der Arbeit also auch zuhause nicht länger aufschiebt, was man zu erledigen hat, sondern diese Dinge angeht, erreicht man eine gewisse Form von Gelassenheit und wohlverdiente innere Ruhe.
- **Arbeitskontext:** Selbstorganisation bei der Arbeit, Projektmanagement etc.
- **FAQ:**
  - Was bedeutet der Begriff „Prokrastination"?
  - Gibt es ein typisches Aufschieberprofil?
  - Unterstützt der moderne Lebensstil Prokrastination?
  - Wodurch kann Prokrastination ausgelöst werden?
  - Welchen Nutzen hat Prokrastination?
  - Welche Aufgaben sind betroffen?
  - Wie lange dauert es, sein Verhalten zu ändern?

- <u>Woher bekomme ich Hilfe, wenn ich es nicht alleine schaffe, die Prokrastination abzulegen?</u>

EINLEITUNG

„Was fühlen Sie, wenn Sie an Ihre aufgeschobenen Aufgaben denken?" Diese Frage wurde einer Gruppe von Personen unterschiedlichen Alters gestellt, die angegeben haben, zur Prokrastination zu neigen. Alle befragten Personen antworteten, dass das Aufschieben in ihnen negative Emotionen hervorruft:

- Schuldgefühle: „Ich weiß, ich sollte nicht..." „Ich finde keine Ruhe."
- Gefühl von Kontrollverlust: „Es ist stärker als ich, ich komme nicht dagegen an."
- geringes Selbstwertgefühl: „Ich kann mich dem Problem nicht stellen." „Ich weiche ihm aus." „Es fehlt mir an Motivation."

Prokrastination, die dazu führt, dass die To-do-Liste einer Person mit jedem Tag länger wird, wirkt sich früher oder später negativ auf das Berufs- und Privatleben dieser Person aus.

Schieben Sie auch manchmal oder regelmä-
ßig Dinge auf – sei es in Ihrem Berufs- oder
Privatleben? Möchten Sie endlich damit aufhören, systematisch bestimmte Aufgaben zu
vertagen? Der Wunsch zur Veränderung ist hier
ein zentraler Faktor, denn wie schon der franzö-
sische Schriftsteller Diderot (1713-1784) sagte,
wächst aus dem Wunsch der Wille (vgl. *Éléments
de physiologie*).

Der im Folgenden vorgestellte Handlungsplan
hilft Ihnen, Ihr Verhalten in drei Schritten zu ver-
ändern. Mit einigen Techniken und Tricks lernen
Sie dann, nichts mehr auf morgen zu verschieben,
was Sie auch heute schon tun können.

NIE WIEDER AUFSCHIEBEN: DIE GRUNDLAGEN

ERSTER SCHRITT: ZIELE DEFINIEREN

Im ersten Schritt definieren Sie ganz einfach Ihre Ziele. Dazu fertigen Sie am besten vier Listen an. Sehen Sie hierfür maximal 30 Minuten vor.

Grobe Aufgabenliste

Erstellen Sie eine grobe Liste der Dinge, die Sie zu erledigen haben, die Sie aber immer wieder aufschieben. Mischen Sie dabei ruhig private und berufliche Aufgaben und lassen Sie die Wichtigkeit erst einmal außen vor. Beispiel:

- Rechnungen des letzten halben Jahres abheften
- den Mantelknopf wieder annähen
- ein regionales Meeting organisieren
- den Lebenslauf aktualisieren
- fünf potenzielle Neukunden anrufen

- die in zehn Tagen fällige Verkaufspräsentation vorbereiten
- den Keller ausmisten und aufräumen
- den Fahrradreifen wechseln
- die Stabilität der Bücherregale verbessern
- einen Arzttermin machen

Die Liste enthält sowohl Aufgaben, die wichtig sind und große Auswirkungen haben, als auch unbedeutendere Aufgaben, deren Auswirkung relativ gering ist. Verzichten Sie zunächst auf eine Rangordnung, sondern schreiben Sie alles auf, was Ihnen einfällt.

Liste der Unannehmlichkeiten

Als nächstes wählen Sie die 10 Aufgaben aus, die Ihnen am wichtigsten erscheinen – wenn Sie weniger haben, umso besser! – und analysieren, welche Unannehmlichkeiten Ihnen entstehen, wenn Sie diese Aufgaben aufschieben. Dies wird Ihnen dabei helfen, herauszufinden, was Sie motiviert, und Ihre Prioritäten festzulegen. Daher sollten die Unannehmlichkeiten sehr genau beschrieben werden, wie die folgende Tabelle zeigt:

Negative Auswirkungen

Aufgeschobene Aufgabe	Negative Auswirkungen
die Rechnungen des letzten halben Jahres abheften	• Es kostet mich Zeit, nach Rechnungen zu suchen. • Mein Vorgesetzter findet, dass ich nicht gewissenhaft und organisiert genug bin.
den platten Fahrradreifen wechseln	• Es stört mich, dass ich mein Fahrrad nicht benutzen kann. • Ich bewege mich zu wenig und bin deswegen sowohl müde als auch reizbar.
den Mantelknopf wieder annähen	• Es nervt mich, mich jeden Morgen mit diesem fehlenden Knopf im Spiegel zu sehen. Ich finde, dass ich nachlässig aussehe.
den Lebenslauf aktualisieren	• Ich habe das Gefühl, dass ich nicht genug Initiative zeige, mir einen anderen Job zu suchen, und mich in eine Situation einigle, die mir nicht guttut.

Liste vorteilhafter Auswirkungen

Nehmen Sie sich die Tabelle nun noch einmal vor und stellen Sie sich vor, dass Sie die 10 Aufgaben erfüllt haben. Anstatt sich zu sagen: „Würde ich diese Aufgabe erledigen, zöge ich daraus den folgenden Nutzen", sollten Sie vielmehr denken: „Wenn ich diese Aufgabe erledigt habe, werde ich daraus den folgenden Nutzen ziehen". Mit dieser einfachen Umformulierung, wird sich Ihre ganze Einstellung ändern.

Vorteilhafte Auswirkungen

Aufgabe	Nutzen
Wenn ich die Rechnungen des letzten halben Jahres abgeheftet habe,	• verliere ich keine Zeit mehr damit, nach Rechnungen zu suchen, und ich kann diese Zeit zur Belohnung in eine angenehmere Tätigkeit investieren (einen Kaffee trinken, eine Pause machen). • werde ich in der Achtung meines Vorgesetzten steigen.
Wenn ich den platten Fahrradreifen gewechselt habe,	• werde ich sonntags eine Fahrradtour mit meinen Freunden machen, mich mehr bewegen und mich entspannen können.
Wenn ich den Mantelknopf wieder angenäht habe,	• werde ich einen gepflegteren Eindruck auf mich selbst machen, wenn ich in den Spiegel sehe.
Wenn ich den Lebenslauf aktualisiert habe,	• werde ich wissen, welche Art von Job ich anstrebe, mich einfacher der Zukunft zuwenden können und bereit sein, auf Jobangebote einzugehen.

Liste der Störfaktoren

Überlegen Sie nun, was Sie in Ihrem Umfeld dazu bringt, Dinge aufzuschieben, und wählen Sie 4 Faktoren, an denen Sie arbeiten können. Entscheiden Sie dann, wie Sie gegen die verschiedenen Störfaktoren vorgehen können. Beispiel:

Störfaktoren

Störfaktor	Maßnahme
Ich schlafe nicht genug, weil ich abends lange fernsehe.	Ich stelle den Fernseher an einen anderen Platz, damit ich nicht mehr in Versuchung gerate, vom Bett aus fernzusehen.
Ich habe morgens keine Energie, weil ich zu spät aufstehe und deswegen auf das Frühstück verzichte.	Ich stelle meinen Wecker eine Viertelstunde früher und nehme mir die Zeit zu frühstücken. Damit es morgens schneller geht, decke ich abends schon den Tisch.
Ich verbringe die Mittagspause oft mit Kollegen, die sich negativ äußern.	Ich behaupte, eine bestimmte Diät zu machen oder Einkäufe erledigen zu müssen, um früher oder später als die Kollegen zu essen.
Ich überprüfe alle 10 Minuten mein E-Mail-Postfach.	Ich lege Uhrzeiten fest, an denen ich das Postfach überprüfe. Z. B.: um 9:00, 11:30, 13:00, 16:00 und 18:00. Den Rest der Zeit bleibt das Postfach geschlossen.
Ich stelle mein Handy während der Arbeit nie auf lautlos.	Ich lege Uhrzeiten fest, zu denen ich meine Anrufe und Nachrichten nachsehe. Den Rest der Zeit stelle ich das Handy in den Flugmodus.

ZWEITER SCHRITT: VERÄNDERUNG PLANEN

Die 5 Aufgaben mit der höchsten Priorität

Um herauszufinden, welche 5 Aufgaben höchste Priorität haben, können Sie die Eisenhower-Matrix verwenden. Dieses Organisationshilfsmittel geht mutmaßlich auf den ehemaligen amerikanischen

Präsidenten Dwight D. Eisenhower (1890-1969) zurück. Ziel der Matrix ist, die Aufgaben entsprechend ihrer Dringlichkeit und ihrer Wichtigkeit einzuordnen. Die Unterscheidung dieser beiden Begriffe erweist sich als äußerst sinnvoll. So sagte Dwight D. Eisenhower wohl: „Was wichtig ist, ist selten dringend und was dringend ist, ist selten wichtig". Die beiden Kriterien werden durch die Achsen der Matrix dargestellt, wobei die Dringlichkeit auf der (horizontalen) x-Achse und die Wichtigkeit auf der (vertikalen) y-Achse liegt.

Eisenhower-Matrix

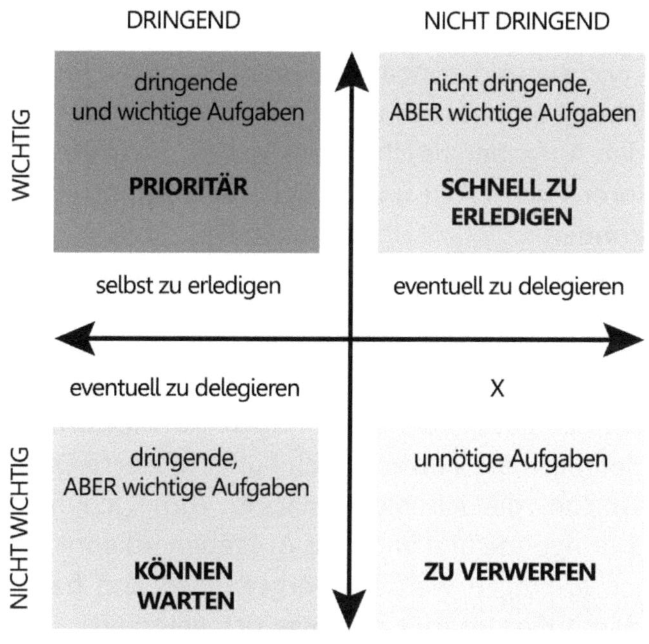

Nehmen Sie die grobe Liste Ihrer aufgeschobenen Aufgaben wieder hervor und platzieren Sie diese in den ihnen entsprechenden Quadranten. Die Aufgaben höchster Priorität befinden sich in dem Quadranten links oben („wichtig und dringend"). Es freut Sie sicher zu hören, dass Sie alle Aufgaben, die im Quadranten „nicht wichtig und nicht dringend" sind, verwerfen können. Wenn sich alle Ihre Aufgaben im Quadranten „wichtig und dringend" befinden, sollten Sie die Übung erneut machen und sich eingehender mit den Aufgaben beschäftigen, um sie präziser nach ihrer Wichtigkeit und Dringlichkeit einordnen zu können.

Sie sollten jetzt über eine kurze Liste mit maximal 5 Aufgaben verfügen, die Sie schnell erledigen müssen. Damit haben Sie den entscheidendsten Schritt getan, denn Sie haben Ihr Ziel präzise definiert. Sie sind vom „Ich habe hunderte Dinge zu tun, die ich nicht mache" zum „Ich habe 5 dringende und wichtige Aufgaben erkannt, die ich erledigen werde" übergegangen und haben damit die Untätigkeit hinter sich gelassen.

1. eine Besprechung mit dem Unternehmen Müller planen, um das vergangene Jahr zu besprechen und für das kommende Jahr neue Leistungen vorzuschlagen

2. die Übersicht des Umsatzes pro Kunde und pro Monat fertigstellen
3. den Schreibtisch aufräumen und 50 % der Unterlagen wegwerfen oder archivieren
4. einen Termin mit dem Techniker ausmachen, damit er den Computer updatet
5. den Lebenslauf aktualisieren

Zeitmanagement

Kalkulieren Sie die Zeit, die Sie für die verschiedenen Aufgaben benötigen. Zeitintensive Aufgaben können Sie in zwei oder drei Teile teilen. Gegebenenfalls sollten Sie genauso die verschiedenen Zwischenschritte einer Aufgabe definieren.

Ihr Zeitplan sollte realistisch sein. Dabei sollten Sie die Zeitspannen nicht zu großzügig ansetzen, da Sie die Aussicht auf Ihren Arbeitstag entmutigen könnte. Allerdings sollten Sie den Arbeitsumfang der Aufgaben ebenfalls nicht unterschätzen, da es sonst bei der Ausführung zu bösen Überraschungen kommen könnte. Finden Sie also für jede der Aufgaben einen realistischen Zeitrahmen.

Abschätzung der benötigten Zeit

Aufgabe	vermutlich benötigte Zeit
1. eine Besprechung mit dem Unternehmen Müller planen, um das vergangene Jahr zu besprechen und für das kommende Jahr neue Leistungen vorzuschlagen	• E-Mail versenden: 3 Minuten • Vorbereitung der Besprechung: 3 Stunden
2. die Übersicht des Umsatzes pro Kunde und pro Monat fertigstellen	• zweimal 1,5 Stunden
3. den Schreibtisch aufräumen und 50 % der Unterlagen wegwerfen oder archivieren	• zwei halbe Tage
4. einen Termin mit dem Techniker ausmachen, damit er den Computer updatet	• Termin ausmachen: 3 Minuten • Datensicherung: 1 Stunde
5. den Lebenslauf aktualisieren	• zweimal 1 Stunde

Handlungsplan

Legen Sie für alle 5 Aufgaben ein Ausführungsdatum fest. Auch bei diesem Schritt sollten Sie sich die Zeit nehmen, um einen realistischen Plan aufzustellen. Geben Sie sich ausreichend Zeit zur Ausführung der Aufgaben, damit Sie nicht abrupt von der Prokrastination in die Überaktivität wechseln. Gleichzeitig sollten Sie darauf achten, dass Ihr Plan Sie auch anspornt, damit Sie schnell Erfolgserlebnisse haben.

Überarbeiten Sie die vorige Liste, indem Sie jeder Aufgabe und Unteraufgabe eine Deadline zuweisen.

Deadlines

Aufgabe	vermutlich benötigte Zeit	Deadline
1. eine Besprechung mit dem Unternehmen Müller planen, um das vergangene Jahr zu besprechen und für das kommende Jahr neue Leistungen vorzuschlagen	• E-Mail versenden: 3 Minuten • Vorbereitung der Besprechung: 3 Stunden	• Montag, 4. Januar, morgens • Freitag, 8. Januar, nachmittags
2. die Übersicht des Umsatzes pro Kunde und pro Monat fertigstellen	• zweimal 1,5 Stunden	• Dienstag, 5. Januar, morgens • Dienstag, 12. Januar, morgens
3. den Schreibtisch aufräumen und 50 % der Unterlagen wegwerfen oder archivieren	• zwei halbe Tage	• Donnerstag, 7. Januar, nachmittags • Donnerstag, 14. Januar, nachmittags
4. einen Termin mit dem Techniker ausmachen, damit er den Computer updatet	• Termin ausmachen: 3 Minuten • Datensicherung: 1 Stunde	• Montag, 4. Januar, morgens • Mittwoch, 6. Januar, morgens
5. den Lebenslauf aktualisieren	• zweimal 1 Stunde	• Montag, 10. Januar, nachmittags • Montag, 17. Januar, nachmittags

Wie Sie sehen, wurden im Beispiel die am schnellsten auszuführenden Aufgaben für den

Anfang geplant (zwei Telefonate bzw. E-Mails am Montagmorgen). Eine solcher progressiver Arbeitsanstieg kann sich als motivierend erweisen. Passen Sie Ihre Aufgaben ebenfalls an Ihren Biorhythmus an. Sind Sie eher ein Morgen- oder Abendmensch? Starten Sie Montagmorgens direkt durch oder steigt Ihre Leistungsfähigkeit im Laufe der Woche? Mithilfe dieser Fragen können Sie Ihre Organisation noch optimieren.

Wenn Sie morgens leistungsfähiger sind, sollten Sie Aufgaben, die viel Energie beanspruchen, für diese Zeit des Tages einplanen. Umgekehrt sollten Sie Momente, in denen Sie unproduktiver sind, für Aufgaben vorsehen, die Ihnen weniger anspruchsvoll erscheinen. Tragen Sie alle auszuführenden Tätigkeiten in Ihren Kalender ein, genauso wie Ihre Termine und Besprechungen, um ihnen den Platz zu geben, der ihnen entsprechend Ihrer Planung zusteht.

DRITTER SCHRITT: DEN FORTSCHRITT UND RESTLICHEN WEG MESSEN

Auswertung

Wenn Sie Ihre letzte Deadline erreicht haben, ist der Zeitpunkt gekommen, Bilanz zu ziehen:

Werten Sie nun Ihre erledigten Aufgaben sowohl quantitativ als auch qualitativ aus. Was haben Sie komplett, was teilweise und was gar nicht erledigt? Nehmen Sie erneut Ihre Liste zur Hand und werten Sie aus, wie viel Prozent Sie von den gesetzten Aufgaben erledigt haben.

Auswertung

Aufgabe	vermutlich benötigte Zeit	erledigt (in %)	Punkteanzahl
1. eine Besprechung mit dem Unternehmen Müller planen, um das vergangene Jahr zu besprechen und für das kommende Jahr neue Leistungen vorzuschlagen	• E-Mail versenden: 3 Minuten • Vorbereitung der Besprechung: 3 Stunden	100 % 70 %	1 0,7
2. die Übersicht des Umsatzes pro Kunde und pro Monat fertigstellen	• 1. Teil • 2. Teil	100 % 40 %	1 0,4
3. den Schreibtisch aufräumen und 50 % der Unterlagen wegwerfen oder archivieren	• 1. Teil • 2. Teil	100 % unerledigt	1 0
4. einen Termin mit dem Techniker ausmachen, damit er den Computer updatet	• Termin ausmachen • Datensicherung	100 % unerledigt	1 0
5. den Lebenslauf aktualisieren	• 1. Teil • 2. Teil	100 % 20 %	1 0,2

In der letzten Spalte, „Punkteanzahl", können Sie den Fortschritt mit Punkten (in Relation zur Gesamtanzahl) bewerten. Dazu wird jeder

Unteraufgabe dieselbe Bedeutung zugeschrieben, selbst wenn die für sie benötigten Zeiträume stark voneinander abweichen. Die Idee dabei ist, dass auch ein einfacher Telefonanruf schon so nützlich sein kann wie ein halber Tag Aufräumen.

Das zuvor gezeigte Beispiel besteht aus 5 Aufgaben, die in jeweils 2 Unteraufgaben unterteilt sind, sodass es insgesamt 10 Punkte zu erreichen gibt. Entsprechend der Prozentwerte für die Ausführung ergibt sich eine Summe von 6,3/10 Punkten. Wie sollte diese Anzahl interpretiert werden? Es ist in diesem Stadium essenziell, die Fortschritte positiv zu betrachten. In diesem Fall könnte man sich sagen, dass man mehr als 6 von 10, sprich 3 von 5 der gesetzten Aufgaben erledigt hat. Vielleicht finden Sie das zwar ermutigend, aber sehen es noch lange nicht als einen Erfolg an. Im Gegensatz dazu sollten Sie sich sagen, dass Sie sich innerhalb von nur von 2 Wochen von 0/10 auf 6,3/10 verbessert haben. Ein exzellentes Ergebnis! Sie können stolz auf diesen hervorragenden Fortschritt sein. Konzentrieren Sie sich also auf die positiven Aspekte Ihres Fortschritts und genießen Sie Ihren Erfolg.

Analyse

Nachdem Sie sich mit dem Umfang Ihres Fortschritts beschäftigt haben, wird es nun Zeit, ganz in Ruhe zu analysieren, warum Sie einige Aufgaben nicht abgeschlossen oder gar nicht angegangen sind, damit Sie herausfinden, worin Ihre Schwierigkeiten liegen. Es ist wichtig, diesen Schritt in Ruhe und mit etwas Abstand zu unternehmen und sich dabei auf Tatsachen zu konzentrieren. Denn es bringt Ihnen nichts, sich nun selbst schlechtzumachen – Sie haben einen Veränderungsprozess begonnen und sollten diese Dynamik beibehalten.

Um im hier genannten Beispiel zu erkennen, warum einige der 5 Aufgaben nicht oder nur teilweise erfüllt wurden, sollte man für jede ein oder zwei Gründe identifizieren. Es kann durchaus vorkommen, dass man eine neue, dringend zu erledigende Aufgabe feststellt.

Analyse

Aufgabe	erledigt (in %)	Grund	Maßnahme
1. eine Besprechung mit dem Unternehmen Müller planen, um das vergangene Jahr zu besprechen und für das kommende Jahr neue Leistungen vorzuschlagen	70 %	Ich hatte nicht alle Informationen zur Verfügung, die der Verkaufsleiter von Müller meinem Vorgesetzten vor einem Monat präsentiert hat.	meinen Vorgesetzten um ein Briefing bitten
2. die Übersicht des Umsatzes pro Kunde und pro Monat fertigstellen	40 %	Ich habe unterschätzt, wie viel Zeit ich benötigen werde.	das nächste Mal diese Aufgabe mit je 2 Stunden ansetzen
3. den Schreibtisch aufräumen und 50 % der Unterlagen wegwerfen oder archivieren	unerledigt	Keine Entschuldigung. Ich habe zwar den ersten Teil gut erledigt, war für den zweiten Teil dann aber zu müde, lustlos und unmotiviert.	einen weiteren halben Tag zum Aufräumen ansetzen, eventuell zum Wochenbeginn und morgens
4. einen Termin mit dem Techniker ausmachen, damit er den Computer updatet	unerledigt	Ich habe Angst, etwas falsch zu machen und die Daten zu verlieren	einen Kollegen um Hilfe bitten
5. den Lebenslauf aktualisieren	20 %	Am 17. Januar musste ich nachmittags einen erkrankten Kollegen vertreten.	erneut einplanen

Dabei sollten man sich an die Fakten halten. Selbst wenn die Aufgabe wie in Punkt 3 aufgrund mangelnder Motivation nicht erledigt wurde, sollte man dieser Tatsache ruhig entgegentreten und ganz einfach die Aufgabe auf ein anderes Datum verschieben. Denn wie schon gesagt, besteht Veränderungen aus vielen Schritten. Gestatten Sie sich, erneut zu versuchen, das zu tun, was Sie noch nicht erledigt haben.

Neue Projekte

Nach Abschluss Ihrer Bilanz sollten Sie am Ball bleiben und mit der gleichen Vorgehensweise eine neue Liste mit 5 zu erledigenden Aufgaben anfertigen. Sie können Aufgaben aufnehmen, die Sie von der vorigen Liste noch nicht erledigt haben, solange seitdem keine neuen wichtigen, dringenden Aufgaben von höchster Priorität dazugekommen sind. Es ist empfehlenswert, nicht mehr als 5 Aufgaben auf die Liste zu setzen.

TOP TIPPS

- Gestehen Sie sich Ihre Schwierigkeit zu handeln ehrlich ein, ohne diese zu dramatisieren oder sie kleinzureden. Machen Sie eine nüchterne Feststellung, indem Sie sich von außen betrachten, so als würden Sie das Verhalten einer anderen Person analysieren.
- Konzentrieren Sie sich auf den erreichten Fortschritt, anstatt auf die Dinge, die Sie noch nicht geschafft haben. Beim Abschluss einer Aufgabe sollten Sie sich also auf das konzentrieren, was Sie im Vergleich zu vorher erreicht haben. Schreiben Sie dies gegebenenfalls auf.
- Gehen Sie es langsam an und machen Sie kleine Schritte. Wie beim Sport sollten Sie Ihre Kraft sinnvoll einzusetzen wissen. Wie Goethe (1749-1832) schon sagte: „Wer sichere Schritte tun will, muss sie langsam tun".
- In den letzten 100 Jahren ist die allgemeine Lebenserwartung des Menschen um einiges gestiegen. Daher betrachtet der Mensch von heute Zeit als weniger flüchtig. Sie sollten sich in Erinnerung rufen, dass Sie sich ruhig Zeit

lassen können, Ihr Verhalten zu ändern. Denn dafür ist es nie zu spät.

- Gratulieren und belohnen Sie sich, wenn Sie einen Fortschritt gemacht haben. Sie wollen schon seit einiger Zeit in ein Konzert gehen? Gönnen Sie sich die Konzertkarten, wenn Sie den Eindruck haben, dass Sie sie sich verdient haben.

- Hören Sie nicht auf schlechte Ratschläge. Einige behaupten, man könne seine Prokrastination ablegen, indem man einem Freund eine bestimmte Summe Geld anvertraut und ihn versprechen lässt, sie einem solange nicht zurückzugeben, bis man seinen Vorsatz erreicht hat. Diesem Vorgehen fehlt es jedoch an Substanz, da man sich dabei nicht mit seinen Verhaltensmustern auseinandersetzt.

- Versuchen Sie alle negativen Botschaften, die in Ihrer Kindheit in Ihr Unterbewusstsein eingegangen sind, zu löschen. Viele Menschen werden unbewusst von Kommentaren belastet, die ihnen ein schlechtes Selbstbild vermittelten: „Du wirst nie etwas schaffen", „Du kannst das nicht", „Beeil dich", „Mach das für die Erwachsenen", „Deine Schwester ist genial, ganz im Gegensatz zu dir" etc.

- Scheuen Sie sich nicht, überorganisiert zu sein. Gerade zu Beginn Ihres Änderungsprozesses werden Sie sich manchmal etwas pedantisch fühlen, weil sich Ihr Verhalten von Grund auf ändert. So wird Sie das hier vorgestellte Listensystem auf einmal in eine sehr organisierte Person verwandeln. Nehmen Sie diese Rolle an, haben Sie Spaß an den Veränderungen, die sich in Ihrem Verhalten zeigen, und kosten Sie ihn voll aus.
- Gönnen Sie sich jeden Tag mehrere Momente, in denen Sie tief ein- und ausatmen, an nichts denken und vollständig im gegenwärtigen Augenblick verweilen.

<u>SCHON GEWUSST?</u>

Am 19. Juni findet der Weltbummeltag statt. Mit ein bisschen Arbeit an sich selbst und den hier genannten Tipps werden Sie aber vielleicht gar nicht das Bedürfnis verspüren, ihn das nächste Mal zu feiern!

FAQ

WAS BEDEUTET DER BEGRIFF „PROKRASTINATION"?

Dieser gehobene Begriff kommt vom Lateinischen „procrastinatio" (Vertagung, Aufschub) und ist gerade über das Englische verstärkt in den deutschen Sprachgebrauch übergegangen. Er bezeichnet „das Verschieben, Aufschieben von anstehenden Aufgaben, Tätigkeiten" (Duden). Auch das dazugehörige Verb, „prokrastinieren", wird verwendet.

Prokrastinieren ist jedoch nicht gleichbedeutend mit nichts tun, da man durchaus bestimmte Dinge erledigen und gleichzeitig die Ausführung von anderen Aufgaben aufschieben kann.

GIBT ES EIN TYPISCHES AUFSCHIEBERPROFIL?

Nein, es gibt kein typisches Profil der prokrastinierenden Person. Fragen Sie Ihre Freunde – höchstwahrscheinlich werden Ihnen alle sagen, dass sie mindestens eine Aufgabe vor sich herschieben. Dem Psychologen Piers Steel (Experte für dynamische Organisation und Autor von *Alles zu meiner Zeit*) zufolge sind 15 bis 20 % der Bevölkerung von Prokrastination betroffen.

Hervorzuheben ist dabei, dass während der Pubertät aufgrund der hormonellen und psychologischen Veränderungen Prokrastination wahrscheinlicher ist.

<u>**ZUSATZINFORMATION: OBLOMOWISMUS**</u>

Im Jahr 1859 erschien der Roman *Oblomow* des russischen Schriftstellers Iwan Gontscharow (1812-1891), in dem das Portrait des lethargischen Adligen Oblomow gezeichnet wird, der schließlich eins mit seinem Diwan wird, auf dem er den ganzen Tag lang prokrastiniert. Oblomow wurde zum Archetyp des lethargischen Menschen, was zu der Wortschöpfung „Oblomowismus" führte.

UNTERSTÜTZT DER MODERNE LEBENSSTIL PROKRASTINATION?

Motivation spielt im Alltag hochentwickelter Länder eine zentrale Rolle. Während Feuerholz zu sammeln, um zu heizen, früher keine

Möglichkeit zur Prokrastination bot, wenn man nicht erfrieren wollte, enthält das moderne Leben kaum noch Situationen, in denen man sein Leben riskiert. Es ist daher auch wohl kein Zufall, dass das Wort „Prokrastination" gerade seit dem 19. Jahrhundert mit der industriellen Revolution beliebt geworden ist.

Der materielle Komfort und der unbegrenzte Zugang zu Information scheinen heute in der westlichen Welt Impulsivität und Bequemlichkeit zu fördern. 24 Stunden am Tag und auf Knopfdruck erreichbare Medien sind dabei nicht unbedingt die besten Verbündeten auf der Suche nach mehr Motivation. Doch wie entwickelt man in dieser Überflussgesellschaft den Willen zu handeln?

WODURCH KANN PROKRASTINATION AUSGELÖST WERDEN?

Wie Oblomowismus schon ausdrückt, kann Prokrastination tatsächlich durch mangelnde Tatkraft entstehen. Auch wenn es schwierig ist, die Ursachen genau zu bestimmen, konnten einige psychologische Aspekte festgestellt werden, die häufig mit Prokrastination verbunden sind:

- **Angst, Versagensängste, Konfrontationsängste**: Indem etwas nicht getan wird, kann ein mögliches Versagen vermieden werden.
- **Perfektionismus**: Dinge werden lieber gar nicht als nicht perfekt gemacht.
- **geringes Selbstwertgefühl**: Etwas nicht zu tun bestätigt das Bild, das man von sich hat, nämlich zu nichts nutze zu sein.
- **Impulsivität**: Nur der Ausblick auf eine starke Emotion motiviert. Wenn die Vorstellung, einen Nachmittag lang Rechnungen abzuheften, keine starken Emotionen hervorruft, entsteht keine Motivation.
- **hohes Risikobedürfnis**: Etwas nicht zu tun schafft eine gefährliche Situation und damit intensive Emotionen.
- **physische und/oder psychische Ermüdung**
- **Schlafmangel**
- **unausgewogene Ernährung**

Um voranzukommen, ist es unabdingbar, dass Sie erkennen, welche dieser Punkte auf Sie zutreffen.

WELCHEN NUTZEN HAT PROKRASTINATION?

Wenn Sie es sich in einem bestimmten Verhalten bequem machen, bedeutet das, dass Sie trotz der negativen Auswirkungen einen gewissen Nutzen daraus ziehen. Die Ursachen der Prokrastination führen ebenfalls zu dessen Nutzen. Prokrastinieren ermöglicht:

- Konflikte zu vermeiden
- sich den Zustand eines beschützten Kinds zu bewahren
- in seinem negativen Selbstbild bestätigt zu werden, das während der Kindheit durch das Umfeld geschaffen wurde
- das Image einer Person zu kultivieren, die einzigartig, anders als die anderen und an keine Zwänge gebunden ist

Auch mit dem Nutzen, den Sie persönlich aus dem Aufschieben ziehen, sollten Sie sich eingehend beschäftigen.

WELCHE AUFGABEN SIND BETROFFEN?

Die Art und das Ausmaß der betroffenen Aufgaben hängen ganz von der jeweiligen Person ab. Manche Menschen prokrastinieren bei der Arbeit und sind zuhause sehr aktiv, bei manchen ist es anders herum. Prokrastination kann eine ganz bestimmte Aufgabe oder einen bestimmten Bereich betreffen, beispielsweise die Art, wie Sie sich ernähren („Morgen gehe ich auf Diät"), oder die Organisation Ihrer Umgebung („Morgen räume ich meinen Schreibtisch auf", „Morgen putze ich die Fenster"). Einige Menschen prokrastinieren auch in allen Bereichen des Lebens und schieben alle Aufgaben systematisch auf.

WIE LANGE DAUERT ES, SEIN VERHALTEN ZU ÄNDERN?

Wenn Sie den ernsthaften Beschluss gefasst haben, sich zu ändern, kann alles ganz schnell gehen. Sie können direkt nach der Lektüre dieses Buches damit beginnen, Ihren Handlungsplan aufzustellen. Denn Sie haben Ihr Leben in der Hand und können selbst entscheiden, was Sie damit anfangen möchten.

WOHER BEKOMME ICH HILFE, WENN ICH ES NICHT ALLEINE SCHAFFE, DIE PROKRASTINATION ABZULEGEN?

Wenn Sie das Vorgehen dieses Buches genau befolgt haben und nicht mehr als 40 % der vorgesehenen Aufgaben geschafft haben, sollten Sie sich an einen Coach oder Psychotherapeuten wenden. Vermutlich benötigen Sie die Unterstützung eines Experten, der sich Ihren Fall im Detail ansieht. Die Entscheidung, einen solchen Experten aufzusuchen, stellt einen entscheidenden Schritt in Richtung Verhaltensänderung dar.

Eine weitere Möglichkeit ist Achtsamkeitsmeditation. Diese hilft Ihnen, wieder zu sich selbst zu finden, sich auf Ihre Ziele zu konzentrieren und sich zu entspannen, wenn Sie zu Ängsten neigen.

JETZT SIND SIE GEFRAGT!

Sehen Sie sich, bevor Sie mit Ihrem Handlungsplan beginnen, die folgenden 5 kleinen Übungen an. Sie bereiten Sie sanft für die Veränderungen, die sich in Ihnen abspielen werden, vor.

- Atmen Sie beim Aufstehen zehn Mal tief ein und aus. Heben Sie dabei beim Einatmen die Arme zum Himmel und lassen Sie sie beim Ausatmen langsam in Richtung Boden sinken.
- Streichen Sie für eine Woche ein Lebensmittel von Ihrem Essensplan und ersetzen Sie es durch ein anderes. Dabei spielt es keine Rolle, welches Lebensmittel Sie wählen, allein das Vorgehen zählt. Ersetzen Sie beispielsweise

---

1. Übersetzt für 50Minuten.de

das Brot zum Frühstück durch Zwieback, Kaffee durch Tee, grünen Salat durch Feldsalat etc. Führen Sie das Experiment fort, wenn es Sie nach einer Woche nicht zu sehr frustriert hat.

- Schreiben Sie jeden Tag wenigstens ein lustiges Ereignis auf, das Ihnen an diesem Tag passiert ist. Das Lustige im Leben zu erkennen wird Ihnen mehr Energie geben. Lesen Sie sich diese Notizen von Zeit zu Zeit durch.
- Denken Sie vor dem Einschlafen an eine Situation, in der Sie in aller Ruhe handeln. Stellen Sie sich so bildlich wie möglich vor, die Aufgabe zu erledigen, die an erster Stelle auf Ihrer Liste steht, und beobachten Sie sich in Gedanken, wie Sie dies tun.

DARÜBER HINAUS

LITERATURVERZEICHNIS

- Bandler, Richard: *Veränderung des subjektiven Erlebens. Fortgeschrittene Methoden des NLP.* Aus dem Englischen von Clive M. Reuben und Jutta Bosse-Reuben. Junfermann: Paderborn 1987.

- Diderot, Denis: *Éléments de physiologie.* Ligaran: 2015.

- *Duden*: „Prokrastination". (2019). https://www.duden.de/rechtschreibung/Prokrastination (16.05.2019).

- Perry, John: *Einfach liegen lassen. Das Buch vom effektiven Arbeiten durch gezieltes Nichtstun.* Aus dem Englischen von Maria Andreas-Hoole. Goldmann: München 2015.

- Steel, Piers: *Alles zu meiner Zeit. Warum wir trödeln, obwohl wir doch lieber handeln würden.* Aus dem Englischen von Dr. Jürgen Neubauer. Bastei Lübbe: Köln 2015.

- Thich, Nhât Hanh: *Touching peace. Practicing the art of mindful living.* Unified Buddhist Church: Berkeley 2009.

WEITERFÜHRENDE LITERATUR

- Barth, Phillip: *Von der Kunst, einfach anzufangen. Aufschieberitis besiegen, Blockaden überwinden, Ziele erreichen.* Rheinwerk Verlag: Bonn 2017.

- Gontscharow, Iwan: *Oblomow.* Aus dem Russischen von Vera Bischitzky. dtv: München 2015.

- Grolimund, Fabian: *Vom Aufschieber zum Lernprofi. Bessere Noten, weniger Stress, mehr Freizeit.* Herder: Freiburg im Breisgau 2018.

- Simon, Felix: „,Prokrastination ist das Gegenteil von Faulheit'". *Blogseminar. Frankfurter Allgemeine.* (06.02.2018). https://blogs.faz.net/blogseminar/prokrastinati-on-ist-das-gegenteil-von-faulheit/ (16.05.2019).

MEHR AUF 50MINUTEN.DE

- Aussant, Isabelle: *Effiziente Arbeitsorganisation. Tipps für mehr Produktivität und weniger Prokrastination.* Aus dem Französischen von Leonie Kremer. Plurilingua Publishing: Brüssel 2019.

- Desprez, Karine: *Produktiver arbeiten. Tipps und Tricks zur Steigerung Ihrer Produktivität.* Aus dem Französischen von Julia Buchrieser. Plurilingua Publishing: Brüssel 2019.

- Schandeler, Florence: *Deadlines einhalten. Tipps und Tricks für ein besseres Zeitmanagement.* Aus dem Französischen von Julia Buchrieser. Plurilingua Publishing: Brüssel 2019.

50MINUTEN.de
Geschichte
Business
Für die Arbeitswelt
Non-Fiction kompakt
Gesundheit & Wellness
Kunst und Literatur
DAS PARETO-PRINZIP
Die 80/20-Regel
Gesamtaufwand
Ergebnisse
20%
80%
80%
20%
Wichtig
Unwichtig
DAS CANVAS-BUSINESSMODELL
DIE SWOT-ANALYSE
SCHMÖKERN
SIE SICH SCHLAU!
www.50Minuten.de

www.50Minuten.de

ISBN digitale Ausgabe: 9782808020084

ISBN gedruckte Ausgabe: 9782808020091

Pflichtexemplar: D/2019/12603/169

Cover: © Plurilingua

Digitale Aufbereitung: Primento, der digitale Partner der Herausgeber